# 다산 정약용2

이청리 제43집

그리움이 독이더라
열흘 스무날도 아무 것도 들 수 없어
술로만 끼니를 채우다가
당신이 손수 차린 밥상을 떠올릴 때
입맛이 돌아와 온몸에 번진 독이 빠져 나가더이다

- [당산의 밥상] 중에서 -

비단 노을로 펼쳐 두는 저 곳에
이 심사를 적어 보낼 거나
고향에 펼쳐 걸어두는 비단 노을 속에
새겨진 안부를 읽고 있는 가족이여

- [비단 노을] 중에서 -

심중에 깊은 뜻이 다 통한다 한들 벗이랴
생의 끝자락에 서 보니 참벗이 보이더구만

- [참벗] 중에서 -

일평생을 다 잃고도 주고 또 주고 사는
민초들이 복이로다

- [민초들의 몸] 중에서 -

갈대에게 흔들림만 있었을까
미세한 떨림을 간직하고 있는 갈대청을
쌍골대의 구멍에 놓았더니 이승과 저승을 하나로
묶어내는 소리를 내는 것을 누가 알았을까

- [갈대에게 흔들림만 있었을까] 중에서 -

벗이여 우리 봄 쪽을 향하세
노래 한 곡조 읊으니
천지가 봄이 아닌가

- [천지가 봄이 아닌가] 중에서 -

눈물이 소금이 되는 시간을 얼마인가
아직도 멀다면 더 흘러야한다는 말인가
가슴이 얼마나 더 무너져야 저 바다 되어
마침내 소금으로 건져 올려지는가

- [눈물이 소금이되는 시간] 중에서 -

한 때는 바라보던 곳이
임금님 계시는 곳이었으나
이젠 바라보는 곳이 이름 없이 피는
산하에 꽃들이노라

- [신하의 꽃들] 중에서 -

산은 푸르름을 덮어 봄을 알리고 있건만
지난 겨울 백설 속에 묻혀 있음을 누가 기억하리오

- [합류] 중에서 -

동백꽃 피기 전에 바람과 함께 왔다가
바람과 함께 가도 좋으니
아무 날을 받아 오기보다 발길 닿거든 오시게
만덕산 이 동백꽃 보러 오시게

- [만덕산 동백꽃] 중에서 -

차 례

**제1부**

1. 천지가 봄이 아닌가 / 19
2. 산하의 꽃들 / 20
3. 민초들의 말 / 21
4. 선경仙境 / 22
5. 솔방울의 유언 / 23
6. 큰 비에게 / 24
7. 山이 스승이다 1 / 25
8. 山이 스승이다 2 / 26
9. 山이 스승이다 3 / 27
10. 山이 스승이다 4 / 28

**제2부**

11. 山이 스승이다 5 / 31
12. 세상천지의 이치 / 32
13. 이 빛과 노닐어 보니 / 33
14. 소리 / 34
15. 몸은 무덤 속에 있으나 / 35
16. 산과 산이 겹쳐 / 36

17. 소금 / 37
18. 고향인듯 / 38
19. 갯벌 / 39
20. 군역 / 40

## 제3부

21. 하늘의 땅 몇만평 / 43
22. 진담 / 44
23. 비단 노을 / 45
24. 나의 생의 항아리가 샘 / 46
25. 민초들! 벗 중에 최고로다 / 47
26. 낙타 / 48
27. 집 떠나는 날 / 49
28. 이 산 중에서 / 50
29. 호연지기 / 51
30. 눈물이 소금이 되는 시간 / 52

## 제4부

31. 유배의 거미줄 / 55
32. 바람 되어 / 56
33. 동무 삼아 가보자 / 57
34. 떼죽 나무 / 58

35. 그리움의 생살 파고 들어 / 59
36. 절벽 / 60
37. 山이 그림이다 / 61
38. 내 여인 / 62
39. 당신의 밥상 / 63
40. 소금 한 됫박 / 64

## 제5부

41. 살대에게 흔들림만 있었을까 / 67
42. 대금 / 68
43. 적막을 씻어서 / 69
44. 유배의 무게 / 70
45. 항아리 / 71
46. 합류 / 72
47. 아름다운 숨구멍을 내어 / 73
48. 꽃잎 / 74
49. 대나무 숲 / 75
50. 녹음의 마음 / 76

## 제6부

51. 바다로 숨을 쉬기로 했노라 / 79
52. 더 즐거운 때가 없노라 / 80

53. 눈물이 싹을 트더이다 / 81
54. 정조 임금님 / 82
55. 빗방울에 곡 / 83
56. 꽃바람 / 84
57. 불멸의 깃발 / 85
58. 객중시회客中詩懷 / 86
59. 나주 북쪽 율정 주막 / 87
60. 만덕산 동백꽃 / 88

## 제7부

61. 강진 주막 / 91
62. 임금님이 하늘님과 같다 / 92
63. 민초들의 몸 / 93
64. 시대를 앞질러 / 94
65. 사람이 찾아 오는 길 / 95
66. 왕 중에 왕이로다 / 96
67. 태어나지 않는 아이들에게 / 97
68. 목숨 수壽 자 아닌가 / 98
69. 목민신서 48권 축약 / 99
70. 참벗 / 100

**후기** / 102

# 제1부

# 천지가 봄이 아닌가
- 다산 정약용 · 1

거역 할 수 없는 시대의 부름을
비껴 설 수 없음이 나를 휘몰아
귀향의 길에 들어서게 했구나
이 길이 험하기로서니 아니 갈 순 없노라
손이 없는 바람이
모든 것을 손잡아 주지 않던가
나 그 손으로 모든 것을 붙들고 있으니
이 외로움이 가장 든든한 힘이노라
눈을 떠받치고 있는 청솔가지 하나
푸른 솔잎으로 봄쪽을 가리키고 있는 것을
벗이여 우리 봄쪽을 향하세
노래 한 곡조 읊으니
천지가 봄이 아닌가

## 산하의 꽃들
― 다산 정약용 · 2

한 때는 바라보던 곳이
임금님 계시는 곳이었으나
이젠 바라보는 곳이 이름 없이 피는
산하에 꽃들이노라
숨어 피다 꺾어지고 시들기를 수 천 번
하늘이 있어 다시 일어서서 산하를
향기로 켜켜이 다져 놓고
빛깔로 켜켜이 물들어 놓았으니
나 어찌 처마 끝에 매달린 풍경처럼
속울음을 왈칵 쏟아내어 전하지 않으리
부처를 다른 곳에서 찾고 있구나
예수를 다른 곳에서 찾고 있구나
이름 없이 피는 꽃들 누가 보살펴 주었으랴
거칠고 험한 바람이요 폭우요 이슬이었구나

# 민초들의 말
- 다산 정약용 · 3

집에서 멀어질수록
하늘과 가장 가깝다는 것을 알겠노라
산 위에 올라 더 먼곳을 보려고 했으나
산 아래 이 귀양의 산골짜기에서
다 보이노라 세상의 흑막의 안과 밖이
학문의 깊음이가 벼슬에 하는데 낳아 있어
첫째 가문과 명예를
세우는 일있거늘
여기에 공명을 앞에 두었으나
이것은 허례허식의 독배를 마시고 있었노라
학문의 깊이가 하늘에 닿음은
곧 낮은 곳에 닿음인데 이곳에 와서야 알았으니
하늘과 가까워지면서 학문의 껍질을 벗었노라
민초들의 속살의 페이지를 한장 한장 넘기면서
눈물로 적시며 민초들의 말을 새로 배우노라

## 선경仙境
- 다산 정약용 · 4

벼슬 자리에 올라 접한 선경이
일필휘지케 하는 붓끝이 유현했노라
한 마리 용이 살아 꿈틀거렸으니
천하가 내 발 아래 있음이요
독야청청한 심안을 詩로 풀었으나
그것이 선경을 접한 것이 아니었노라
이곳에서 하루 이틀 지나면 시들법한
선경이 나에게로 와서 펼쳐 놓은
詩가 천 수요 만 수요
벼슬에서 벗어나 귀향의 몸으로
뒹구는 이곳에서
어느 詩 한 수만 품어도 꽃으로 피어난다오
민초들의 이름을 얹어 놓으면
이 몸이 한마리 용으로 승천하고 있으니
이 또한 더 큰 복이 어디 있으랴

## 솔방울의 유언
- 다산 정약용 · 5

이 산중에 홀로인 몸 하나 뿐인데
별들이 우르르 쏟아져 내리는 곳
나무 가지를 흔들고 가는 바람도
나처럼 어디론가 유배가는 몸인가
묻기나 할양이면 그렇다네
솔방울 하나 획 던져 놓고 가네
아! 이 다음 빈 산에 묻어 말인가
그 유언을 들어줌세
내 품속이 그 빈 산이니 묻어 주겠네

# 큰 비에게
- 다산 정약용 · 6

그만 좀 내리시게
이 높은 산까지 차오를 것인가
호통을 쳐봐도 끄덕도 아니 하니
단 한 방울 내리지 않 때는 언제이고
아예 하늘에 구멍내어 다 쏟아 부을 작정인가
몇 년 째 덧입힌 지붕까지 뚫어
기어코 방안에 있는 책까지 적실 요량인가
책이 하늘 아래 보물이거늘
이것마저 가져갈 심산인가
비 자네가 하늘을 움직일 책 아닌가
아니 천기누설을 발설해도 되겠는가
자네에게 유배를 보내도 이 몸을
유배 보낼이는 없을 걸세
둥둥 떠어 보시게 저 강진만을 지나
대양로 흘러 깊이 갈아 앉아 놓으시게

# 山이 스승이다 1
- 다산 정약용 · 7

세상은 사람을 버렸으나
산은 사람을 받아 드리는구나
마음 속 시름 한 점까지 바위틈에
뿌리 내리는 매화가 피워 주기까지
아! 사람이 사는 곳은 세상인 줄 알았으나
바로 여기 산이었구나
저 매화는 내 약함을 알고 피워주니
절로 고개가 숙여진다
산에게 마음 주고 살기보다
임시방편으로 심신을 쉬는 정도
이젠 하나 된 이 앞에서 숨길 것 뭐가 있나
속임없이 다 내보이니
산의 마음이 모든 것을 품어
세상을 아루르고 민초의 길이 되어가는구나
산이 스승인 것을 두고 먼 곳에서 찾으러
헤매이는 긴 세월을 고하노라

# 山이 스승이다 2
― 다산 정약용 · 8

예의 근본을 헤아려보면 볼수록
세상은 점점 어지러워지고
살아가는 일들이 벼랑이니 어쩜인고
산에게 이 의문을 던져 놓고 기다리니
산은 이것 저것 말을 하지 않는다
사계를 다 바라보게 할 뿐이다
처음이 끝이요 끝이 처음이라
봄 여름 가을 겨울이 세상이라는 것을
여기에 예의 근본이 있는 것을
산의 위쪽으로 갈수록 나무들은 작아지고
산의 아랫 쪽에 수령들이 줄비 하게 선 까닭은
민초들이 버팀목이라는 것을 전함이 아닌가
산의 눈을 바라보는 것이 예의 근본이요
깨달음을 얻고 나니
왕과 멀어짐이 부요함이라
세상과 멀어짐이 깨달음의 원천이라 하니
스승님에게 더 가까이 다가서노라

# 山이 스승이다 3
- 다산 정약용 · 9

가히 안으로 입은 화가 크도다
항아리 술로 몇 만 항아리를 마신다 한들
삭혀질까 싶었는데
산은 이슬 한 방울로 족하지 않는가
그 이유인즉 산은 곧 하늘이 아닌가
이슬 한 방울로 천하를 살리고 죽이기까지 하니
사람에게는 몇 만 항아리술이 필요할지 몰라도
산은 자족할 뿐이로다
차 한 잔으로 세상을 다 우려낼 수 있는 비법을
스승님게 전수 받았노라
스승님이 불러준 것을 술술 받아
적은 것 뿐이노라
그 많은 책들이 내 손끝에서 쓰여진 것 같으나
스승님의 손끝에 나온 것이니라
먹 갈고 붓 세우는 일만 했느니라

# 山이 스승이다 4
– 다산 정약용 · 10

그리움은 더해감으로
시작되는 병이 아닌가
사람이 앓은 병중에서
이 그리움의 혹독한 병이 아니던가
스승님도 손대지 못한 것을 보곤 했네
솔바람 스치는 밤이면 도지는 병은
가슴을 찌르고 하늘까지 찌르게 하니
극한의 한이 뼈를 쳐서 가루로 날리더이다
계절도 없이 허공에 백설로 뿌려질 때
어이 나 혼자의 바라는 풍경이겠는가
기다리는 가족들은 더한 혹한의
밤이 아니었겠는가
산이 그 위에 펼쳐 놓은 풍경은
생의 한을 모두 통달하게 붓을 들게 하더이다

# 제 2부

# 山이 스승이다 5
- 다산 정약용 · 11

가문을 우뚝 세워 놓음이
세상의 눈부심이나
이 눈부심이 오래 감을 허락하지
않음을 깨달았노라
虛와 實이 공존해 있어 虛와 짝할 때
멀리까지 빛을 발하는가 싶어도
오래 가는 법이 없는 것을 보았노라
實과 짝할 때는 눈부심은 덜 하나
세월을 비껴가는 것과 같아 하늘에 별이 아니던가
산 속 깊이 들수록 세상은 잠잠 작아 지더이다
왕은 한 점 띠끌에 더 까가워 지더이다
수 백년을 하늘 우러러 자라나는
나무 같은 이들이 있었으니 그들이 민초들이 아닌가
산은 그들의 오른 팔이자 영원한 길을
걸어갈 때 두려움 한 점 없더이다

## 세상천지의 이치
- 다산 정약용 · 12

새로운 것을 배우고 또 배웠으나
이 또한 낡은 것을 보노라
하늘아래에 새것이 없음을 보았노라
버릴 것이 많고 많은데 버리기가 쉽지 않았다
세상에 태어나 주인 삼은 것이 어디 한 두 가지인가
이것을 버려야 한다는 것은 죽음이 아니던가
죽음 다음에서야 바로 눈 뜸인데
이 눈뜸 없이 비단 옷자락에 감싸 살았으니
의로움으로 살고자 함이 옳음이요
인의를 다함으로 알았으나
이것이 위로는 충이었으나
아래는 법도를 행함이었으나
모든 것이 짐이 아니던가
낡은 것을 간직하고자 함도 큰 병이로다
다 버리고 났더니 열리더이다
세상천지의 이치가 봄눈 녹듯이 녹아나더이다

# 이 빛과 노닐어 보니
- 다산 정약용 · 13

끝과 죽음이 맞닿아 있는
경계선 정점을 향해 오르고자함이
필생의 업으로 여기며 꿈을 불태웠노라
어린 시절부터 영민함이 빛을 발해
가문에 앞날에 드리워질 영광의 순간들이
그려지곤 했노라
선대의 가르침으로
곧게 자람과 섬김과 부지런함을 더해
과거제도에 나가 급제 함으로
세상은 탄탄 했노라
왕의 신임은 최고로 향한 척경이 아니던가
이렇게 끝으로 치달아서
더는 갈 곳을 잃은 몸은 한 마리 벌레였노라
이토록 벌레의 몸으로
살아가는 동안 하늘이 묻어 놓은 빛은 무량했노라
이 빛과 노닐어 보니 십여년도
하루 반나절 같더이다

## 소리
- 다산 정약용 · 14

폐허로 남은 것이 어디 집터뿐이겠는가
사람이 폐허로 남을 때는 찾는 이가 없고
불어오는 바람도 비켜간다고 하지 않던가
문턱이 닳고 달도록 들고 나던 사람들도 끊기고
처마 한 쪽과 벽 한쪽이 허물어지듯
사람도 그러 하더이다
양수리에 집은 반듯하게 서 있으나
반은 폐허가 아닌가
드나드는 사람이 없으니
인적 끊인적이 어이 한 두 해이겠는가
주춧돌인 두 아들은 지탱하고 있어 든든 하이
눈길이 닿은 곳이 쓸쓸함이요
세상의 인심의 싸늘함을 한해 무엇하리요만
나는 여기 폐허의 풍경으로 크게 울리고 보니
민초들의 가슴에 가 닿는가 보오
이 가느다란 한 자락 소리가
하늘을 깨어서 살게 한다오

## 몸은 무덤 속에 있으나
- 다산 정약용 · 15

진짜 사악한 자들은 꼬리를 밟힌 법이 없다 하오
서투른 사악한 자들만 붙잡혀 갔을 뿐
진짜 사악한 자들은 세상의 중심이라 하오
누구도 밝혀 낼 수 없는 신의 몫으로 남겨두고
살아가는데 밝혀내는 자는 누구인가
목숨을 내놓지 않고선 살아남을 자
한 사람도 없는 것이 세상의 법이니
이것을 깨고 나온 자
세상 풍파를 일으킨 자가 아니겠소
이 중에 한사람이 나 다산이 아니겠소
세상 풍파를 일으켜 살아도 사는 것이 아니었소
살아서 무덤에 든 몸이요 이름은 이미 밝혀져
먼지로 남아 날리고 있소
하찮은 이름을 되찾아 무엇을 하리요만
그래도 조상님이 지어진 이름마저 버릴 수 없어
찾고 싶었소
사악을 벗고 나니 몸은 무덤 속에 있으나
마음은 천지 사방을 넘나 들 수 있소

## 산과 산이 겹쳐
― 다산 정약용 · 16

산과 산이 겹쳐 하나이나
서로 다름인 것을 느낄 수 있네
산등선에 꿋꿋하게 선 나무 가지들이
저녁노을을 받치고 서 있을 추운 겨울날
산은 어머니의 몸짓이요
무엇을 기원하는지 노을은 더 붉어져
사방을 물들여 고요로 펼쳐 놓고 있소
산과 하늘이 한 몸으로 여울지고 있을 때
착잡함으로 가라 앉고 있소
저녁노을은 거기 나무 가지에 들러서
불에 타는 산제사를 드린가 보오
인간의 힘으로 어찌 하지 못한 것에 대한
참회가 아니겠소
약한 자의 눈물을 걸러서 드리는
산제물이 아니겠소

## 소금
- 다산 정약용 · 17

사람은 누구나 소금으로 태어나 살아가는데
그 소금으로 녹기보다는
눈부심으로 자리하고자 했다
아! 어느 순간 짠맛을 갖고자 함이
높은 분들에게는 거스름 이었던가
이 소금으로 살아가는 사람들은
민초들인 것을 누가 알리오
저들에게 진짜 짠맛을 지니고
살아가는 몸들이 아니리오
음식에는 소금을 넣으면 간을 할 수 있어도
세상을 간하는데 민초들이 없이
어떤 맛도 낼 수 없다오
붓끝으로 그 맛을 간하는 것으로 알았소
이제는 저들의 간하는 것만 맛보고 있으니
아무 것도 먹을 수가 없소이다
내가 잃어버린 처음 짠맛을 돌려주는 것을
저 민초들밖에 없소
민초들이 나의 낡은 것을 버리게 하고
새로운 맛을 부어준다오

## 고향인듯
- 다산 정약용 · 18

밤하늘에 그물을 던져 별들을 건져 올려
이렇게 온 밤을 밝혀 놓고 있소
추운 긴 밤도 거뜬하게 지세울 수 있소
내 곁 있어야 할 사람은 없고 있는 것은
이 별들이 제마다 이름을 달고
아내 노릇 자식 노릇 하겠다 나서니
난들 아니 받아 드릴 수 없소이다
땅에서 일어나는 일들은 한없이 깊어지는 아픔이지만
이들과 한밤을 보내고 나면
또 다른 세상의 일들이 눈 속에 가득 차
눈물도 꽃이요 슬픔도 아름다움이 참한 그림이니
아! 어찌 이들 곁에서 한밤을 지내지 않으리요
고향 소식 듣는 것이 죽음 끝과 같이 멀고 머니
이렇게 별들이 고향인듯 살고 있으니

## 갯벌

- 다산 정약용 · 19

멀리 내다보는 눈을 가짐이 죄였다
바다엔 썰물과 밀물이 밀고 당기면서
안과 밖을 살려내는 생명력의 터전이여
세상도 그와 같거늘
밀물만 있을 세상에는 고여 쌓여 갔을 뿐
들고 날 때만이 바다는 살아서 싱싱하게 한 것
조수의 흐름을 감지하면서 내다보는 것이
끝으로 내몰려 더는 허리조차 펼 수 없노라
갯벌은 버려진 땅
하지만 이것이 바다를 살리는 근원적인 힘인 것을
저 갯벌에 흙을 채워 벼를 심어 걷어 드릴 때
배고픔을 면하리 셈법으로 맞다
질척거리고 말랑말랑한 모든 것을
살리는 것을 보았노라

# 군역
- 다산 정약용 · 20

산이 내가 해야 할 일들을 아는 걸까
이것이 맞고 저것이 그르고
저것이 옳고 저것이 틀리다 한 적이 없다
세월을 이긴 장사가 있던가
세월을 이기는 그 힘을 내 안에 부어주니
세상을 엎어치기에 참으로 쉬워졌다
판판히 샅바를 붙잡혀 넘어졌으나
이제는 세상이 아닌 더 힘이 센 것이
덤벼들어도 하수일 뿐이다
세월을 이기는 힘을 지녔으니
가슴치며 통탄한 일이 어디 있으며
또 잊혀지면 어떠하리 날 알아주는 이 없어도
세월이 꼬리 내리고 엎드려 있으니
이 샅바 기술전수 시킬 일 하나 남아 있는 것이네
아버지 아들 군역에 이끌려 나가는 저들에게

# 제3부

## 하늘의 땅 몇만평
- 다산 정약용 · 21

손바닥만한 땅 하나 갖지 못하고
평생을 남의 땅을 전전하면서
허리 휘는 사람들
이 세상 궂은 일을 도맡아 성자가 따로 없네
이들의 그림자 곁에 다가 설 수 없네
어질고 선한 이들 곁에 있음이 살아 있음이요
하늘이 시키는 일임을 알겠네
군소리 한 마디 없이 고분고분 해내는
저 굽은 허리 속에 하늘이 심어 놓은
성자의 씨앗이 푸르네
저 그늘 근처에 다다르지 못함이여
저들은 하늘의 땅을 몇만평 가꾸고 있으니
어느 누가 저 부요함을 가로 챌 수 있으랴

# 진담
― 다산 정약용 · 22

영구불변의 진담이 자연 속에 있었구나
사람에게 있는 것은 허언 뿐이었구나
파뿌리 머리가 되도록 읽고 읽어도
허언에서 한 발자국 물러설 수 없음이 아니더냐
흙을 일구는 이들은 자연 속에 들어서
진담을 담고 사는구나
저들은 붓을 들지 않아도
저 진담하나로 하늘과 통했으리
아니 세상과 사람들에게 통하지 않아도
저 나무들과 풀들과 꽃과 통했으리
이제 걸음마 단계인 이 몸도
이 진담하나 부여 받아 조금씩 통하고 있노라
바람소리 깊은 밤 외로움이 짓물러지게 밀려드나
바람 소리가 닿은 곳에 울리는 것을
함께 울릴 줄 알고부터
밤은 더는 외롭지 않노라

## 비단 노을
- 다산 정약용 · 23

비단 노을로 펼쳐 두는 저 곳에
이 심사를 적어 보낼 거나
고향에 펼쳐 걸어두는 비단 노을 속에
새겨진 안부를 읽고 있는 가족이여
젖어 오는 눈으로 읽지 마시라
집사람은 저 비단 노을 몇 필을 끊어
내 옷을 빚어내느라 바쁘리라
아이들은 아비에게 보낼
뚜렷한 글자 적어 보내기에 수선을 피울 것이다
이 저녁 비단 노을로 휘휘 감으니
한 이불이요 살붙이들의 정겨움이
아릿아릿 온 산을 적시듯 밀려온다
산다는 정이 이토록 깊은 날에는
하늘도 비단 노을을 슬그머니 내미니
분노도 산자락에 던져두니 푸른 솔잎이더이다
바람붓이 어느새 알아차리고 새기고 가더이다

## 나의 생의 항아리가 샘
- 다산 정약용 · 24

목숨을 내려 놓은 소리가
온 산에 울려나 모두 귀를 기울린다
저 작은 잎새 소리 하나까지도
산은 그냥 흘러 보내는 법이 없다
바람에 상처 입을 때도
그 곁에 아무도 없는데 싸매주는 손길이 있다
이제야 보이는 내 눈 속은
하늘처럼 깊어지고 있다
이 하늘 속으로 두레박을 내리면 내릴수록
한없이 줄만 풀린다
언제쯤 끝이 닿지 모른다
하지만 나의 생의 항아리에는 샘물이 넘친다
아직 붓지도 않는데 나의 생의 항아리가
곧 샘이라 한다
이 샘 곁에서 난 떠날 수 없노라
모두를 불러 지친 몸 쉬어 가기를 원하노라

## 민초들! 벗 중에 최고로다
- 다산 정약용 · 25

마음은 아니로소이다
오히려 별들과 벗하고 바람과 벗하고
모든 꽃과 벗하니 얽매임이 없노라
이전의 난 세상에 철저하게 종속되어
벗어날 수 없는 족쇄였으나
이젠 묶임없는 날개를 가지고
경계를 넘어서 산다
몸이 유배이니 민초의 몸 아닌가
이들 속에 뒹굴며 벗하니 벗 중에 최고로다
겉은 거칠고 투박해도 한 껍질을 벗겨 낼 때
하늘의 빛 가득찬 열매 아닌가
겉모습 찾아 세상 중심에 서고자 했으나
여기가 중심 아닌가
이 벗들과 진한 얘기들
평생을 써도 다 못쓸 지경이로다

# 낙타
- 다산 정약용 · 26

가시 돋은 풀을 삼켜야 하는
낙타의 가는 길은 거친 사막이라 하더이다
유배라는 혹을 내 등에 달고 가야 하는
이 몸이 한 마리 낙타가 아닌가
목이 마른다 한들 물을 구할 수 없는 사막에서
이 혹이 물이라 하더이다
이 유배가 떼어낼 수 없는 혹이나
거친 사막을 가야 하는 낙타에게
물이라 하더이다
가도 가도 끝이 보이지 않는
모래뻘을 가야 하는 낙타처럼
이 유배의 짐을 지고 가야 하는 옳음이 아닌가
무겁기는 산 같으나 기대고 누워 있을 때
세상은 안과 밖을 통과하는 경전이로다
첫줄부터 전율케 하니
끝은 더 전율케 하는 길이 아닌가

## 집 떠나는 날
- 다산 정약용 · 27

집 떠나는 날 눈에 고인 눈물이
백설로 퍼부어 길이 보이지 않았노라
그 눈을 밟으며 강 건너고 산 넘어 온
아슴하기만 한 끝이여
집을 떠나기는 쉽지만 돌아가는 길은
저승의 몇 바퀴를 돌고 돌아도
집으로 가는 길은 이리도 멀다는 것인가
꿈 속에 가고 갔지만 깨어보면
아니 간 것보다 더 못한 무너지는 가슴이여
나라의 법이 철벽이니
무엇으로 뚫는다는 말이냐
기다림으로 무너지는 가슴으로 쌓고 쌓아
하늘에 닿을 때 돌아갈까 싶노라
감이 익어가는 거기 흰 눈 속에
저녁 연기로 올라 바라봄으로 돌아감이 아닌가

## 이 산 중에서
- 다산 정약용 · 28

이 산 중에서
새가 하는 말을 들어주는 일도
거룩한 일이다
바람이 지나가는 길을 지켜보는 일도
성스러운 일이다
세상에 했던 말은 때가 묻어 꺼내어 놓기도 부끄럽다
이슬 한 방울에게 무릎을 꿇어 엎드렸더니
내 처음을 돌려주네
이 산중에서 하는 일은 들어주고
엎드려 있을 때 잃어버린 것이
무엇인가를 되짚어주네
이젠 내리는 비도 더는 씻을 것이 없다며
더 깊은 곳으로 내려 가라는 말을 하네
깊이 내려 가는 곳이 아픔인데
이 아픔의 암반을 뚫고 내려가라 하네

# 호연지기
— 다산 정약용 · 29

복숭화 피는 강가 봄날 하루
아내는 나물 캐고 나는 강물에 글씨를 썼네
물화선지에 쓴 말들이 흘러 어디에 닿을까
남아의 호연지기를 펴고 싶었던 열망들
아내는 일편단심 남편을 향한 지극 정성 뿐
봄이 오는 산 중에서 불러보는 사람아
나에게 모든 것을 걸어도 후회하지 않는 사람아
그대 하늘이 무슨 마음을 심어 자라게 했기에
처음도 나중도 지극 정성으로 타오르는가
내 사랑이 깊다 한들 그대의 사랑보다 깊다 하랴
남아의 호연지기가 나라를 사랑하는 일이 앞서
화를 좌초 했네
하지만 이것이 죄라 한들 나는 받아들이리라
그대 사랑이 불 붙여주니
모든 것이 타고 난 뒤
남아의 호연지기는 찬란하게 남으리라

## 눈물이 소금이 되는 시간
- 다산 정약용 · 30

눈물이 소금이 되는 시간은 얼마인가
아직도 멀다면 더 흘려야 한다는 말인가
가슴이 얼마나 더 무너져야 저 바다 되어
마침내 소금으로 건져 올려지는가
온전한 소금으로 눈부시기까지는
침묵은 한없이 깊어 녹아 들어야 되겠지
가족들이 그리워하는 마음이
까맣게 타야겠지
이 세상 내 이름 석자 잊혀져 사라지겠지
무덤 속의 사람이 되어 백골이 진토되듯
그렇게 세월이 흐른 뒤에서야
짜디 짠 소금으로 담겨질지 모르겠다
지금은 안으로 흐르고 흘러 고여갈 뿐이다
아픔이 녹고 녹아서 소금으로 바꿔지리라

■ 제4부 ■

## 유배의 거미줄
- 다산 정약용 · 31

남으로 남으로 가는 길은 머물 곳 알지 못했노라
강진 지명 뿐일 뿐
이 몸 하나 밀어 넣어 비와 바람 피해 등 기댈 곳
어느 거처인들 붓과 벼루만 있으면
험한 세월 길들여 살아감이라
그리움은 이 몸보다 먼저 도착해
거미줄을 쳐 놓고 기다리고 있으니
이미 달이 걸려 있었노라
낮달에서 반달에 이르기까지
노을 비단 몇 만 필까지 끊어 놓고
화를 풀어 씨앗으로 심으라
화두까지 던져 놓으니 내 몸 안에 있는 혼이
밖으로 나와 이 그리움에게 절을 해야 하나
아! 내가 얼마나 매달려 흔들려야 하나
아니 걸려들 재간 없어
이미 유배의 거미줄이 휘감겨 있으니

# 바람 되어
- 다산 정약용 · 32

바람의 몸으로 살기에는 아직도 멀다
이제 시작이니 더 가벼워야 하는데
점점 무거워져 힘상군은 바위요
옹이 박힌 백년 된 수령 나무와 같으니
훨훨 나는 몸으로 산다면야 집 떠나는 몸
어디에 던져 둬도 무슨 상관이란 말인가
꽃잔등에 누워 한세월 보내는 날들이 쉬울 터
물 위에 누울 때는 잔잔한 물살 이뤄
푸른 빛 일게 해 천하를 고요케 할 수 있거늘
아! 솔잎에 올라 설수도 없을 뿐더러
잎새 위에 올라 또르르르 구르는 이슬의 몸인데
아쉬움이 더해 아찔하다
땅과 한뼘 거린데
이 아픔이 절창이니 어찌 한단 말인가
바람 되어 저 산 넘는 날이 오리라
하늘을 넘나들면 집에 들고나는 일을 터

# 동무 삼아 가보자
- 다산 정약용 · 33

물이 처음부터 어디로 흐르겠다 정했으랴
낮은 곳으로 몸을 향하니
모든 것이 거처가 아니었겠나
몸의 중심에 욕심을 빼어내어
모든 것을 맡겨둘 때 어디로 가도 하나요
깊은 골도 좋은 곳이요 비위틈도 좋은 곳이요
고여서 넘칠 때는 환희요 낙수질 때는 그네 타니
천하의 이 널 뛰기에 흥겨움을 무엇으로 답하랴
낮은 곳으로 흘러가면 그곳이 바다이니
이 또한 하늘 아래 으뜸 아닌가
강진만 갯벌을 넘나드는 물도
맨 처음 낙수진 물이거나
산골짝에 이슬 한 방울이었다
저렇게 큰 흐름으로 밀려왔다 밀려가는 것을 보니
이제야 숨통 열리는구나
가는 길이 멀게 느껴질 뿐
구름 불러 동무 삼아 가보자
바람 불러 동무 삼아 가보자

## 떼죽 나무
― 다산 정약용 · 34

이 나무 꽃피는 시절 그 봄을 잊지 못한다네
그만큼 진한 향기를 펼쳐 세상 속에 담아둔다네
아차! 꽃의 눈부심에 생생한데 이 나무 이름을
기억하지 못한 나의 세월이여
뒤늦게 알고부터 바라보는 눈빛이 달라지면서
내 마음까지 경건으로 물들어 간다네
이 나무가 주는 자비로운 풍모에 추억과 그리움이
내 속에서 자라고 있다네
떼죽 나무는 바람이 지나가는 길에다
향기를 실어 보내는 것을
누구인들 기뻐하지 않았으랴
그 길에 나서면 지아비로 지어미로 생겨나게 했던 것을
아낌없이 주게 하는 이 마음을
지나가는 미물도 밟지 않으려고 한다네
이런 속된 인간사의 허상을 떼죽 나무는
소리 없이 향기로 감싸 준다네

# 그리움의 생살 파고 들어
- 다산 정약용 · 35

생살을 파고드는 그리움 말고 무엇이더냐
뜻하지 않게 저녁노을 몰고 와 앞에 두고
가족과 흥정하자고
달 뜨는 밤에 잠 깨워 그리운 옛 친구들
이름을 부르게 해 꼼짝 못하게 하고
한낮 쨍쨍한 햇살을 나뭇잎새에 끌어 내어
눈부시게 하더니 날 울컥이게 해
여기가 집인양 설레게 절절 앓게 하네
유배보다 더한 아픔으로 파고들어
붓을 들면 천 가지 만 가지 생각이 떠올라
여기기 땅인가 하늘인가 분간치 못하게 하네
이 그리움을 말채찍으로 후려치니
천리 멀리 달아났다가 다시 생살을 파고들어
서로 거처 삼아 살아가야 하나
나 또한 그리움의 생살을 파고들고 있으니

# 절벽
— 다산 정약용 · 36

절벽을 뛰어 내린다 한들 빗방울이
두려워 한 적이 있더냐
절벽을 기어 오른다 한들 담쟁이가
두려워 한 적이 있더냐
빗방울과 담쟁이에게
사랑을 가르쳐준 이가 누구였을까
그 사랑이 시키는 일은
어느 것이나 소중한 것이 아니겠는가
뛰어 내리는 일까지도 거룩 했으니
기어 오르는 일까지 숭고 했으니
그 사랑이 스며들어 어떤 모양 어떤 형대로 살아가도
편안한 것을 천 만번 부딪쳐 깨어질
빗방울의 몸은 더 수정 같으니
천 만번 상처를 입고 업어도 꺾어질
담쟁이 몸은 더 창창하니
사랑이 시키는 일에 몸을 띄어 살면
무슨 서러움 무슨 아픔이 있으랴

## 山이 그림이다
- 다산 정약용 · 37

산에 들어와 살면서 산이 그림이다
이 그림 속에 있는 나는 찾아 볼 수 없다
찾으려 하나 아늑 하노라
산이 펼치는 그림 한 폭 속에 나오는 저 나무들이
세상 사는 이들보다 더 고고하다
모두에게 돌려주려고 함이 아닌가
저 작은 풀잎에서 이슬 방울까지
사람을 돕고자 함이 아닌가
사람이 사는 것은 하늘이 필요로 하는 것인데
하늘이 빠져 있고 사람뿐이니 갈급하구나
높고 낮음을 정해 인륜이란 법도 반쪽이로다
온전하는 것은 자연 뿐
이 산 속에 들어와서 온전함에 서니
나의 슬픔에 겨워
등조차 굽어드는 것 같아 부끄럽구나
슬픔을 짓이겨보니 세상 속 비굴함이
백일하에 드러난 그림이구나

## 내 여인
- 다산 정약용 · 38

출렁이는 강물 같은 그리움이 가슴을 쳤으리라
지아비가 집을 떠나는 곳에 받치고 선
한 여인의 속 깊은 서러움
실밥처럼 터져 있는 것을 깁고 깁으면
긴 긴밤 한숨조차 낼 수 없어
바람이 여밋거리가 가더라는 말이
내 가슴을 울리고 가오
지아비의 두 어깨에 지어진 유배의 천형을
곱으로 지고 가고자 하는 한 여인의 그 눈물 속은
양수리 강물로 넘쳐 서해를 닿는다 한들 풀리오만
달이 가는 하늘 끝으로 눈을 들어 빌고 비는 것도
누가 볼 세라 숨어서 구름 비껴가는 달에게
안부 실어 보내는 그 손길을 나는 아오
살아서 이승과 같은 날들 언제 접어서
다시 처음 만나는 첫 날밤과 촛불 밝혀 한 여인의
귀밑머리를 스다듬어주며 천년을 맹세하리오
그 맹세를 지키고자 긴 긴밤도 꿈속에서
가는 길이 멀어 물집 잡혀 불러보는 이름 뿐이라오
듣는 저 달이 지지 않고
한지 바른지 문살에 스며들 것이오

## 당신의 밥상
― 다산 정약용 · 39

그리움이 독이더라
열흘 스무날도 아무 것도 들 수 없어
술로만 끼니를 채우다가
당신이 손수 차린 밥상을 떠올릴 때
입맛이 돌아와 온몸에 번진 독이 빠져 나가더이다
천하의 제일 가는 남도의 맛을 뛰어 넘는 것이
어머니의 손맛이듯 당신도 그 손맛에
맡겨진 나의 긴긴 날 들 어디 있어도
당신이 차린 밥상이 보약이더라
진수성찬을 차려도 당신의 손맛만 하오리까
당신이 그 손맛을 인편으로 보낸 까닭인지
서서히 입맛이 돌아오더이다
독 중에 가장 살떨리는 독이 그리움이더이다
당신이 이 독을 뽑아가고 보약으로 바꿔 놓으니
숟가락을 들 수 있더이다
남도맛의 한 수 위인
당신의 밥상을 오늘도 받고 있소이다

## 소금 한 됫박
- 다산 정약용 · 40

눈물이 갈수록 짜져만 가니
이 몸이 바다가 아닐까
어느 날 보니 이 몸은 세상 문밖으로 버려져 밟혀진
소금인 것을 보고 있노라
소금이 짠 맛을 잃으면 무슨 소용이 있느냐 했듯
이 몸 밟혀진 흙인 듯 먼지 투성이노라
이 몸이 바다라면 이 눈물을 다 말려야 하리라
자꾸만 흐르고 있으니 언제쯤 소금으로 구워지려나
달 가고 해 가면 아니 흰소금으로 짜지지 않으리
정작 소금으로 있을 줄만 알았으나
겉모습만 소금이요 안을 비워 보니
소금이 아니지 않는가
세상이 필요로 하는 소금이 바로 눈물이 소금이라
그런 소금 한 됫박으로 남을 때 난 무엇을 바라리오

# 제 5 부

## 갈대에게 흔들림만 있었을까
- 다산 정약용 · 41

갈대에게 흔들림만 있었을까
미세한 떨림을 간직하고 있는 갈대청을
쌍골대의 구멍에 놓았더니 이승과 저승을 하나로
묶어내는 소리를 내는 것을 누가 알았을까
속에 있는 것을 밖으로 드러낼 수 없는 것을
살풀이 하듯 다 풀어내는 저 가락을 들어 보라
恨이란 것이 뼈 속을 치는 아픔이지만
이 아픔을 우려내어 하늘에 걸어 둘 때
하늘은 그 아픔만큼 돌려주는 것을 본다
그것이 무엇이든 하늘은 세월의 흐름 속에서
돌려주고 있음을 본다
눈 앞에 보이는 것으로 가름 하지 마라
갈대! 흔들림의 상징이기는 하나
그 속에 지니고 있는 하늘로 통하는 길을
숨겨져 있음을 알았으리라
그 길을 가는 자! 옳은 자가 아니었으리

# 대금
- 다산 정약용 · 42

첩첩산골과 같은 품세를 보아하니
저 마디마디 담고 있는 사연만으로
울음 몇 만 통을 저장해 두고 있는 것 아닌가
사람이 일평생을 다 불어도 퍼 내지 못할
저 통마다 채워져 있는 울음의 천 가지요 만 가지요
생겨남에서 멸하는 것을 몇 겹으로 풀어도
다 풀지 못한 것이 저 울음소리 아닌가
그러기에 몇 가닥 구멍을 뚫어 퍼내는 것이
혼을 흔들어 생과 사를 하나로 묶음이요
다 묶지 못한 생을 이승의 한이라 했던가
달빛은 처마에 걸려 쉬이 지지 못하고
파르름하게 떨고 서 있음이
저승과의 닫혀진 문을 열어 놓고자 함이 아니었던가
대나무는 위로 솟듯 자라는 것이 근본이거늘
제 몸을 쳐서 앙금으로 뭉쳐진 몸 속에 달고 있는
울음의 몇 만 통은 누구를 위함이었던가
청음의 저 엷은 막을 지나 영혼에 닿는 소리는
우주 밖에 까지 나가 맞이하는 빛의 길이었구나

## 적막을 씻어서
- 다산 정약용 · 43

초록으로 덧입혀진 산은 적막함으로 깊어져 가네
이 산자락에 구르는 돌도 기억하고 있는
그날을 침묵 속에 쌓아 두고
부는 바람과 물 소리는 아무렇지 않듯
흘러가는 것 같아도 유배로 쓰여진 경전의 페이지가
읽고 있기 때문이네
저 흰구름에도 쓰여져 있어 눈 들어 바라보면
영원히 지워지지 않을 恨이 빛을 발하네
산은 이 恨을 세상에게 돌려주기보다
안으로 품어서 철 따라 새로 날려 보내고
나비로 날게 하네
저렇게 산 계곡에서 물을 흘려 보내어 씻어내네
내 부족함을 알고 산을 낮과 밤을 가리지 않고
흐르고 흘러서 이 적막을

## 유배의 무게
- 다산 정약용 · 44

모 나고 뾰족한 바위들이 저만치 서 있고
모서리가 깎여나간 돌들을 앞에 두고 바라보네
물이 와 닿으면서 섬세한 가락들은
멀리까지 감싸고 도는 여운을 잊을 수 없다네
물과 돌이 만나 하늘과 땅의 움직임의 정교함을
밖으로 펼쳐보일 때
이 때까지 볼 수 없었던 것을 들추어 보는 고요여
떨어져나 온 모난 것을 잘게 부셔
원의 중심을 잡아내는 내밀함에
눈을 더더욱 뗄 수 없다네
저 한 폭의 소리 속에 담아내는 가락이
닿는 곳마다 빛의 출렁거림이 새겨질 때마다
이 안에 서 있으면서도 안 쪽까지 닿을 수 없는 것은
유배의 무게 때문이 아니겠는가
이 무게가 돌 모서리처럼 깎여나가지 않는 것을 아네
뒹굴라면 더 뒹굴어야 하지 않겠는가

## 아름다운 숨구멍을 내어
- 다산 정약용 · 47

잎새들은 흔들림부터 배운다네
가지의 약함에서부터 시작해서
빗방울이 어떻게 내리는 것까지
어둠 속에서 묵묵히 지켜보면서
그들과 한 몸인 것을 보네
꽃의 향기가 허공에 머물리서
물들여 놓은 것과 별들이 밤을 지새우며
잠들어 있는 잎새들을 지켜주는 순간들을 떠올려 보면
나무 잎새들은 그것만으로 푸르름
그리고 온갖 빛깔로 채색되는 모든 것에
눈길이 머무르네
바람이 거칠어질 때 흔들림은 묵시가 아닌가
그 바람의 옆구리를 지나온 시간들이 삶이 아닌가
모든 것이 생겨나고 모든 것이 소멸하는 가운데서
잠시 잠깐 허공에 달처럼 내걸려 반짝임으로
황홀한 시간을 가짐으로 물들어간다네
비록 흔들림으로 살아가도 아름답게 숨구멍을 내어

# 꽃잎
- 다산 정약용 · 48

물에 떨어진 꽃잎이 아름다운 문장으로 다가오던가
피고자 할 때 저 꽃잎은 뜨거운 꿈으로 젖어 있었네
제 향기 하나 멀리 보낼 쯤 뚝 떨어진 물 위
이것이 향기라 꽃은 생각 했을 것이네
사람들은 꽃은 핀 뒤 떨어진다고 생각할 때
흐르는 물에 제 몸에 향기를 꺼내어 놓고
저 아름다운 문장 하나를 만들어 놓고 있었네
우리 생의 문장이란 알고 보면
속세의 때에 저린 꿈들 아니던가
나로부터 모든 것이 이뤄줘야 하는
당위성을 품고 살아오지 않았는가
떨어짐에 대하여 꽃은 아파하지 않는다네
물 위에서 만들어내는 저 아름다운 문장 한 줄
읽을 줄 모르고 사는 것이 생이 아니던가

# 대나무 숲
- 다산 정약용 · 49

대나무 숲에 오면 바람도 구름도
꼿꼿하게 바로 서서 하늘거리는 것을 보네
사람들은 허리만 펼 뿐
마음을 꼿꼿하게 세우는 법이 없고
세우는 것은 고집과 자존심뿐이라네
대나무는 사람들과 정반대로 서서 곧게 자란다네
서로 하늘을 향해 치솟아 오른 경쟁을 하기보다
자랄수록 속을 비워 놓고 하늘을 담는
자리마다 푸름이 넘쳐난다네
허공에 등을 기댈 곳이 없어도 묵묵히 하늘을 향해
뜻을 굽힐 줄 모르는 저 고고한 뜻이여
칸칸의 마디에 가득 채워 놓은 그 뜻을
품을 수 있다면 부족함이 없겠네

## 녹음의 마음
- 다산 정약용 · 50

녹음은 저토록 세상 낡은 것을
제 몸으로 가져가 어디에 쓰나
이것을 지켜보고 있는 낡은 나의 생도
저와 못지 않는 것을 부여 안고 서 있다
숱하게 부서져 흘러내린 흔적은 또 얼마인가
이것이 살았다는 걸 표시하면서 정의 할 수 있는가
숱한 날들 꼿꼿하게 무엇인가 세우고 또 세워도
꺾어진 깃대였고 그 깃대 끝에 달고자 했던 것은
무엇이었던가
녹음은 이런 나를 받아준다
내가 가지고 있는 것은 사랑이라고 여겼는데
녹음은 더 큰 사랑으로 아낌없이 품는다
사람은 판단으로부터 해서 판단으로 끝났다면
자연인 녹음은 모든 것을 포용하고 있었다
이렇게 나무 아래 유배 와서 살아가는데
나의 생이 치유 받는 것이 아닌가
나무같이 산다면 더 넉넉해지는 것을
하늘과 땅과 사람이 하나인 것을 비로소 본다
나누고 보았던 단편적인 것들을
하나로 묶어서 품어주는 녹음의 마음이
내 안에 꿈틀거리고 있는 것이 아닌가

# 제6부

## 바다로 숨을 쉬기로 했노라
- 다산 정약용 · 51

바다로 숨을 쉬기로 했노라
더 이상 이 세상 숨을 쉬다가
제 명을 다 살지 못하고 끝을 볼 것 같아
파도 이는 강진만 포구를 앞에 두고 서니
친히가 짐이었던 그의 두 어깨가
갈매기의 날개가 돋아나 바다 위를 나니
얼마나 그 동안 혹사를 당하고 살아왔는지 알겠네
왕과 지근거리에서 서고자 했던 마음이 모래알로 남아
저렇게 뒹굴고 있었구나
지나간 날들의 흔적이 부서짐이었으나
이 부서짐을 통해서 큰 바다를 품고 있었음을
이젠 노래하는 일만 남아 있구나
물안개 어린 수평선을 붓으로 여기련다
이 바닷가에 살아가는 작은 하나까지
영원히 함께 할 내 가족들이리라
물살의 움직임 앞에서 가락이 아닌 것이 없구나

## 더 즐거운 때가 없노라
- 다산 정약용 · 52

지금 이 상황보다 더 즐거운 때가 없었노라
지나간 것을 붙잡을 수 없고
미래는 아직 도착 안 했으니
기약 할 수 없음에 대한 넉넉함을 가지고 사노라면
높은 곳을 올라 찾고자 함이 무엇이었던가
남의 의지를 꺾어 자신의 의지로
이끌고 가겠다는 것이 아니고 무엇이겠는가
이것이 임금을 향한 자들의 뜻이었던가
열망했던 것은 결국은 자기를 세움인데
이것을 세상 중심에 세워
따르게 하고자 함이 아니었던가
나 이것을 버렸으니 보이지 않는 이들이 보였노라
하늘이 높은 곳에 있는 것이 아니라
민초들이 하늘이니 우러러 보고 삶이 옳음이라

## 눈물이 싹을 트더이다
― 다산 정약용 · 53

7세가 되는 해에
작은 산이 큰 산을 가렸으니
멀고 가까움이 다르기 때문이네
이 시문 하나가 어린 가슴 속을
천둥처럼 지나갈 때
신동이라 하더이다
내 생에 독이 번져 올 날을 미리 알고
그 천둥소리 울리고 지나갔음을 알았노라
세상의 근본이 조상을 떠 받듬이 크고도 큰 예라
이 법을 섬김은 선함이 아니었던가
이 선함보다 더 높은 분인
서학을 품음이 더 가혹한 형벌이라
가족이 참수 당하는 이끝에서 살아 남음이
늘 죄인 같아 한 줌 흙으로 살았노라
이 흙 속으로 녹아드는 눈물이 싹을 트더이다

## 정조 임금님
- 다산 정약용 · 54

정조 임금님의 파격적인 정책
임금님 중에 그런 분을 찾을 수 없었네
박제가 이덕무 유득공 이서구
북학파 4대가라는 서자 출신을 등용시켜
규장각을 이끌어갔으니
이 몸 또한 검서로 함께 일을 하면서
지구가 둥굴다는 원리를 배웠노라
인의예지 틀 속에 몰아넣은 이조는 통촉하소서
지축을 흔들리는 소리뿐이었네
다가 올 날들을 미리 감지하고
내실을 다져 새 날을 펴는 것이
한 나라의 근본이거늘
인의예지 틀은 갈수록 돌로 굳어져 갔으니
누가 밀고 나올 수 있었던가
모든 막힘을 이 산 중에서 풀어갈 수 있어
외로움이 큰 바위이니 딛고 서면 모래알 아닌가

## 빗방울에 곡
- 다산 정약용 · 55

빗방울에 곡을 붙여 불러 보노라
괴로운 심사를 불어 넣으니 제법 흥이 겹다
눈물도 춤사위를 불러 일으키구나
보는 이 없는 이 산중에
혼자서 목청껏 부르고 있을 때
새들도 화답을 하는구나
밤 깊어 우는 새는
님이 그리워 우는 새인 것을 알겠더라나
서로가 통하니 온 밤을 불러보자꾸나
날개를 가졌다 할 뿐 살아가는 것이 쉽지가 않고
큰 새 위에 또 큰 새들이 먹이 사슬로 엉켜서
작은 새 살아가는 길이 비좁구나
허공이 한없이 넓어 보여도
큰 새들의 발톱아래 있으니
빗방울에 곡을 붙이고 붙이니
소리꾼이 따로 없구나
모든 것과 어울려 한 바탕
춤 사위로 걸쭉하게 뽑아 보고 싶구나

# 꽃바람
- 다산 정약용 · 56

하늘 아래 정 줄 사람은
오직 나 하나 밖에 없데요
내 고운 님은 이 세상이 등을 떠밀어도
꽃바람으로 불어 온데요
피었다고 떨어져 누운 이 몸을
동백꽃으로 피어 놓고자
꽃바람으로 불어 온데요
휘몰아쳐 오는 눈보라를
불꽃으로 불 붙여 놓고서
꽃바람으로 불어 온데요
불러보면 가슴 따뜻해지는 내 고운 님은
지는 꽃이 피는 꽃보다
더 오래 가는 이 꽃을 피어 놓고자
꽃바람으로 불어 온데요
그 좋은 시절이 봄이 아니라
눈보라 휘몰아치는 겨울이라며
꽃바람으로 불어 온데요
찬란한 동백꽃으로 나를 다시 피어 놓고자
꽃바람으로 불어 온데요

# 불멸의 깃발
- 다산 정약용 · 57

1801년 신유박해 때
셋째 형 정약종은 옥사의 몸으로 돌아와
세상 사람들의 만시지탄으로 내팽개쳐져
둘째 형 정약전은 흑산도로 유배 가는
멸문의 집중 포화 속에
세상의 인심은 수 천 개 대못이더라
그 대못에 박혀 허공에 매달리는 몸이 되니
바라보는 세상이 바로 보이더이다
못을 막는 그 사람을 더 사랑해주고 싶더이다
침을 뱉으며 조롱하는 사람들을 포용하고 싶더이다
아무 것도 이루지 못할 것 같은 나의 생이
어느 순간 다 이뤄지는 것 같더이다
그 대못의 아픔이 아니라 생명의 깃발이더이다
어느 바람 어느 거센 빗줄기에도
찢어지거나 꺾어지는 것이 아니라
불멸의 깃발로 나부끼는 소리가 크게 들려오더이다

## 객중시회 客中詩懷
- 다산 정약용 · 58

복풍에 흰 눈 휘몰아치듯
남으로 향한 몇 천리 길 짚신은 닳고 닳아
물집 잡힌 발등은 얼기까지 했으니
속까지 한기로 떨려오는 몸은 천근 무게가 아닌가
귀양 가는 몸 받아주기 쉽지가 않겠지만
후한 인심의 땅 강진 밥집에 도착해 보니
이승 끝을 벗어나 마지막 밥을 먹는 심사로
약전 형님과 비껴 문열어 들어서니
형색이 초라하고 마음 둘 데 없는 몸을 품어 주는
주모의 눈빛이 허기진 배를 든든케 하더이다
모락스런 세상의 인심이야 저승의 밥그릇이요
이 그릇 비우고 들어섰는데 객주 밥은
그런 인심을 밥 한 술로 훌훌 마시라 하지 않던가
명절 설이 코 앞에 다가왔는데
이승을 떠나려는 이 심사를 아는 듯
동백은 피어 놓고 저승도 이승이 아니던가
형제의 도타운 정이 뜨거운 국밥이라 하더이다

## 나주 북쪽 율정 주막
- 다산 정약용 • 59

띠로 이은 주막 호롱불 어스럼 속에서
목포쪽으로 떠나야 하는 약전 형을
마주하는 밤은 고요마저 한지 문발같이
찢어질 듯 하더이다
유배 가는 길이 각각 달라 이 길 떠난 뒤
언제 다시 만나 피붙이 정을 나눌까 셈해보니
살아서는 만나기 어렵고 분봉 속에 나란히 누워
백골로 만날 생각하니 본시 사람이 태어남이 죄로다
이별 모르고 사는 것이 본마음이거늘
세상사는 날이 갈수록 어지럽고
내일을 기다려보는 일조차 죽음 같으니
살아 있음이 아픔으로 저려 오더이다
시간이 갈라 놓은 피붙이
정이 깊어서 하늘 적시더이다
약전 형 가시는 길을 바라본 뒤부터
술로 하늘을 다 적셔도 가슴에 풀리지 않는
바위 덩어리이더이다
이 바위덩어리가
나보다 더 술이 취해 가더이다

## 만덕산 동백꽃
- 다산 정약용 · 60

동백꽃 피기 전에 바람과 함께 왔다가
바람과 함께 가도 좋으니
아무 날을 받아 오기보다 발길 닿거든 오시게
만덕산 이 동백꽃 보러 오시게
사람 만나는 일이 정이 아닌 것 없듯
스쳐 지나가만 가도 그리움 더해 가더이다
차 한 잔으로 밤 새워 정겨움이 묻어나니
저 동백꽃으로 불 밝혀 시나 한 수 놓기만 해도
만덕산은 하늘 아래 가장 높은 산이되
하늘 아래 가장 낮은 산이 아니던가
고뇌 한 가닥 끊어내는 데 일생을 걸린다는데
만덕산에 핀 동백은 고뇌가 꽃 중에 꽃 아닌가
이 꽃 보러 오시게 도연명처럼 말이네

# 제 7부

# 강진 주막
– 다산 정약용 · 61

하늘 아래 땅은 넓으나 이 몸 하나 누일 곳이 없더이다
유배 온 몸을 받아 줌이 죄요 천하 중죄인 몸이니
바닥에 구르는 돌멩이와 한 몸이요
누구인들 걷어찬다 한들 소리 낼 수 있으리요
유배는 이 세상 명을 다한 사람이요 살았으나
저승 사람이니 그림자가 아닌가
주막집에 들어서도 반기는 이 없고
앉아 술 마심도 큰 죄이니 누구인들 받아주랴
강진 주막 처마에 걸리는 달도 이내 신세와 같더이다
초라한 형색 했되 배운 자요 말을 하지 않아도
나라님의 뜻을 거슬렀음이 분명하니
비록 무명의 몸이기는 하나
인정 베풀기가 가 하니 어이 하리요
노파의 간곡함이 구곡간장을 녹이더이다
받아 줌으로 천수를 다 하고자 하는 하늘의 그 마음
어질더이다

## 임금님이 하눌님과 같다
- 다산 정약용 · 62

임금님이 하눌님과 같다 했으나 한 사람이요
백성들의 안위를 책임지는 지엄한 업을 받아
성은을 베풂으로 억조창생을 이룸인데
사람이 하는 일은 공명정대함이
오히려 거짓 그림자에 가려져
사악한 자들이 득세함이
역사의 흐름이 아니었던가
다가올 세대를 앞당겨 풀어봄이 화요
하눌과 같은 임금님이 행하고자 뜻을 그르는 것이
정한 이치라 했던가
자고로 임금 곁으로 다가선다는 것은
하늘을 대함이거늘 손바닥으로 하늘을 가려
기세등등 하는 자들이 세상의 주인 행세를 했으니
백성은 새우등이요 저승에 가서야 펴는 몸이었으니
앞서 간 선현들의 글이란 글은 족쇄가 아니었던가

## 민초들의 몸
- 다산 정약용 · 63

일평생을 다 잃고도 주고 또 주고 사는
민초들이 복이로다
성도 족보도 없는 생이 사람으로 대접 받기에는
후천 세상이 수 천번이 온다 한들 변할 리가 없겠지만
하늘우 민초를 높이 들어
왕이라 함은 이 산중에서 들어와서 알았노라
배고픔과 없신 여김이 천직이요
평생을 높은 분들의 그늘에 묻혀
모든 것을 빼앗기고도
목숨 하나 부지 하고 살아감이 복이로다
하늘은 이 세상 부귀영화의 권세와 바꾸지 않고
가장 높이 받들어 왕이라 함은 큰 복이 아닌가
이 몸에 깊이 물든 먹물이 강진만 바다 아니런가
언제쯤 다 빠져 나가
민초의 그 몸으로 돌아갈까 하노라

# 시대를 앞질러
- 다산 정약용 · 64

미워했던 마음도 세월 속에서
사랑이 아닌 것이 없더이다
시대를 앞질러 가려고 함이 천기누설이었던가
왕 앞으로 더 가까이 감이
천하를 손에 넣은 것 같았으나
천하는 민초들의 것이더이다
하늘은 이 뜻을 이 산중에 나를 보내어 알게 하더이다
가문을 일으켜 세움이 대장부의 길이었으나
알고 보니 부질 없는 허세이더이다
감히 누구도 접근할 수 없는 우러러움으로
한세상을 살자 함이었고
가문을 우뚝 세워 둠이
가문의 온전한 뜻을 이룸으로 알았으나
하늘의 마음을 펼치고 보니 모든 것이 허사로다
추상 같은 호령이 떨어질 때 일사불난하게
움직여지는 것이 권세를 얻는 자들의 업이었으나
이 업 또한 버리고 나니
천하 누구하나 찾아오는 이 없고 텅 빈 산이더라
이 산에 저 산 누비고 보니
하늘의 마음으로 포개져 이 세상 미워했던 마음이
녹아나 사랑이 아닌 것이 없더이다.

# 사람이 찾아 오는 길
- 다산 정약용 · 65

사람이 찾아오는 길은 힘을 가질 때가 아니더냐
문턱이 닳도록 찾아오던 사람은 어디로 갔을고
천하 둘도 없는 벗도 있을 것이고
내가 은혜에 입어 다 갚지 못하고 이곳에 왔으니
탓하는 이들이 있을 것 아니냐
그보다 힘을 가질 때 사람은 구름떼처럼 오는 법
이것이 가문의 영광이요
족보를 일만의 눈부심으로 우뚝 세워둠이 아니더냐
큰 힘을 가진 뒤는 어두운 그림자 남는 법
그 그림자가 없는 것을 보았느니라
안과 밖이 빛이요 앞과 뒤가 빛이니
그림자가 있을 턱이 없지 않느냐
멸문의 단초가 된 십자가를 진 그분은
진정으로 힘을 가진 사람이 아니더냐
사랑이라는 이 힘 하나로
하늘아래 목숨을 살리고 있으니
나도 그분과 한 몸이 되어 살리고 싶노라

## 왕 중에 왕이로다
- 다산 정약용 · 66

지방 관리들이 왕 중에 왕이로다
임금님이 계신 곳은 한양 천리요
신문고를 둥둥둥 울린다 한들
이미 가슴 속에 있는 신문고는
찢어진지 오래이고
관리들의 손에 결박 된지가 이조가 들어선
그 때부터 하늘을 찌르는
아름드리 소나무 뿌리와 같으니
어명어사 출두요
빈산에 울리는 산새 소리로다
민초에게 부과된 세금이 곡식알보다 더 많으니
무슨 수로 세금을 낼 수 있다는 말이냐
민초들을 토종닭 털 뽑듯이 다 뽑아
처음 태어난 알몸 아니냐
찬 바람도 울고 간다는 조선반도가 아니냐

## 태어나지 않는 아이들에게
- 다산 정약용 · 67

태어나지 않는 아이들에게
군역의 짐을 얹어 놓고 있으니
양반이 아닌 천한 아랫 것들은
군역의 짐을 지고 가다
한 생애를 다 한다는 빈말이 아니었구나
남인 집안이요 북인 집안이요 노론 집안이요
허구헌날을 물고 뜯고 통촉하시옵소서!
하늘이 쩌렁쩌렁 울렸으니
하늘님도 놀라 땅으로 내려와
저 민초들의 군역의 짐과 세금을 감하고 또 감해줘도
더 큰 짐을 얹져 더 많은 세금을 부과하니
청사에 길이 남을 애절량이여
절창만 울려 퍼졌구나
억조창생을 연다는 이씨 조선에서
이 몸 또한 일조 하다
멸문의 집안으로 남았구나

## 목숨 수壽 자 아닌가
- 다산 정약용 · 68

밤새워 쏟아지는 빗방울을 먹물로 적셔
이 강진만일대로부터 시작해
온 땅에 휘갈겨 써 내려가고 싶은 글자가 있다면
사람 인人 자인가 어진 인仁 자인가
인의예지仁義禮智 허세를 더 벗겨내고
천하보다 더 귀한 것이 사람의 목숨인
이 목숨 수壽자 아닌가

# 목민신서 48권 축약
- 다산 정약용 · 69

목민신서 48권을 축약해보면 이런 걸세
첫째가 모름지기 정치란 노인들이 안락하게 살아갈 수 있는 튼튼함을 다진 나라 아닌가
둘째가 아이들이 티 없이 자랄 수 있게 큰 세상을 열어 둠이고
셋째가 장애인 병든 이 홀아비 과부를 진정 보살핌이 천하 으뜸이고
넷째가 가난한 백성의 뜻을 헤아려 나랏님이 부요게 함이 나라의 근본이되 참 세상을 여는 나라 아닌가
다섯째 상가 백성이란 부모와 형제외 친척을 잃음인데 힘이 약한 백성이 법의 보호를 받지 못함이요 반상의 계급아래 시름에 잠겨 있는 사람들 아닌가 말 못할 원한을 풀어주는 것이 하늘아래 공명정대함인데 이것이 공평치 못하니 민초 모두가 피울음으로 한세상 살다 간 상가 백성이 아닌가
마지막으로 재난 당한 백성을 구제함이 나라님이 앞장서고 물을 다스려 천하대본 농사를 풍년들게 함이요 또 세상을 다참되게 다스림이 정치이거늘
아! 이것이 빠져 있는 조선이라 외침으로 전함일세

## 참벗
- 다산 정약용 · 70

심중에 깊은 뜻이 다 통한다 한들 벗이랴
생의 끝자락에 서 보니 참벗이 보이더구만
하늘이 네게 준 심중에 깊은 뜻을 모두가
벗 같아 아낌없이 주고 받을 때는
나랏님도 부럽지가 않더구만
궁궐에서 국화시절 시회詩會가 열릴 때
천지의 뜻을 풀어헤쳐 나와 겨룰 자 누구던가
詩의 날개는 봉황이라 접게 할 누구던가
벗들은 피를 나눈 형제이니
예의 더함과 뺌도 없는 올곧음으로
하늘에 부끄러움 없는 생이고자 했거늘
유배길에 오르는 길에 천하 참벗으로 알았던
그대들이 가장 먼저 눈에 보이지 않는 화살을
뽑아 심장을 관통하더구만

# 후기

다산 정약용 시집1과 달리 다산 정약용 시집2에서는 산 중에서 보내는 심사를 담아냈다는 것이 더 적절한 표현일지 모른다.
그만큼 산중에서 보내는 심사에 펼쳐지는 내적 목마름에 대한 자화상을 그려보고 싶었다.
유배라는 천혜의 짐을 지고 산다는 것은 이승을 하직하는 일인데 이 길을 가야하는 세월은 진정 무엇이었을까.
한 때는 정조 왕의 총애를 한 몸에 받았던 몸이요, 詩의 봉황의 날개를 펴면 접을 자 없었는데 모든 것이 꺾여짐이요, 멸문으로 내몰려 폐족의 나락에 떨어져 살아가야 하는 시대의 번뇌는 몸시리치도록 크게 번져 왔으리라.
이조 5백년이 당파싸움으로 시작해서 당파 싸움으로 끝났다는 역사의 외침이 결코 후세를 사는 우리에게 시사 하는 바가 자못 크다.
지금인들 다르랴.
물고 뜯고 핥기고 외부로 눈길을 돌렸을 때는 이미 다른 나라의 먹이 사슬이 되어 굴욕을 당하는 숱한 역사의 굴절을 바라본다.
이것이 역사를 흐름인 것을 외면 할수 없다.
다산은 시간의 흐름을 앞서 다가올 세상을 준비해 방대한 책을 집대성한 것은 이 흐름을 넘고자 하는 예언서가 아니었을까.
이 예언서를 모두 팽개치고 당파 싸움에 모두 빠져 살아가는 세상사를 초월해서 한 시대를 온몸으로 관통하는 생의 처절함을 詩로도 다 풀어낼 수 없는 절창이 아닐 수 없다.
가족 사랑에 대한 절절함이 뼈를 치는 절해고도의 유배생활의 하루하루는 고뇌의 해가 떠서 지는 매순간들을 바라보는 다산의 눈빛이 무엇인지 알 것 같았다.
육신의 집에 거처하는 영혼이 감내하기 힘든 집이 있다면 이 형극의 집 유배가 아니었을까.
여기에 그리움으로 향수병까지 도지고 있을 때 가장 초라한 집은 이 집이 아니겠는가.
자유를 얻고자 외쳐도 산중에서 메아리 뿐이고 이 메아리를 저술을 통해서 잠재워 자유로 바꿔내는 다산의 위대함이 바로 여기에서 나온 것이다.

방대한 저술 속에 집 한 채 지었을 때 이 집 또한 외면을 받아 눈길을 주지 않았으나 후세에 와서야 진정한 이 집이 시간을 초월한 곳에 세워 있음을 자각하게 된 것이다.
시대를 앞질러 다가온 세상을 미리 보는 것이 예언이 아니던가.
항상 세상은 앞질러 가는 이에게 던지는 돌멩이에핏방울이 묻어남을 증명해주지 않았던가.
서학에 눈 뜸이인의예지의 근본을 흔드는 대의명분에반역하는 대역죄요,영원히 씻을 수 없는 중죄인으로 몰아갔다.
시대가 흘러서 보면 역사는 얼마나 허황한 굿판이었던가.
산 중에서 다산은 시대의 흐름을 거슬러 다가올 시간을 맞아 붓끝으로 모든 것을 담아냈다.
인간의 위대한 승리가 아닐 수 없다.
권력은 인간의 의지를 꺾어서 권력자의 의지대로 움직이는 것이 역사요, 여기에 버금 가는 천심인 민초들이 한 목소리를 낼 때 비로소 권력은 금이 갔다.
또한 외부의 힘에 의해서 굴복당하는 필연의 질서를 보아왔다.
유배라는 극형을 자유로 바꿔내는 한 인간의 정신 세계를 후세인 지금의 시간 속에서 바라볼 수 없는 이것이야말로 감격자체가 아닐 수 없다.
인간을 가장 비극적으로 만든 것은 인간을 모든 것과 단절 시키고 외로움으로 밀어 넣을 때일 것이다.
이것을 이겨내는 영혼의 노래인 시로 풀어내고 붓끝으로 담아내는 그 힘이야말로 위대함의 승리가 아닐 수 없다.
멸문이란 시대의 아픔을 등에 지고 한 생애를 쏟아부었던 다산의 그 방대한 예언서는 우리에게 영원한 자산인 것이다.
이 자산이 있기에 수 천의 외침에도 이 땅을 지켜내는 힘이 솟구쳐 올랐던 것이다.

동백꽃 피는 에벤에셀 서재에서 2015년 겨울에

## 이청리 시집

2015년 12월 25일 초판인쇄

지 은 이  이청리
펴 낸 이  고양금
펴 낸 곳  도서출판 이룸신서
등록번호  616-92-52521
주    소  제주특별자치도 제주시 연동 2313-4
전    화  010-5551-6257
팩    스  (064)742-4027
이 메 일  hansrmoney@hanmail.net